एक शायर

इश्क़, तन्हाई और अल्फ़ाज़ का सफर

शायर हैप्पी (हरप्रीत चुंबर)

अंतर्वस्तु

"नज़्मे"

शेर

एक शायर

हर शेर एक दास्तान, हर लफ़्ज़ एक अहसास

शायरी सिर्फ़ अल्फ़ाज़ नहीं, एक धड़कन होती है–जो कभी मोहब्बत में सुकून देती है, तो कभी जुदाई में सुलगा देती है। "एक शायर" उसी धड़कन की गूंज है, जो इश्क़ की नर्मियों से लेकर बग़ावत की आग तक हर अहसास को लफ्ज़ों में ढाल देती है।

यह किताब महज़ पढ़ने के लिए नहीं, महसूस करने के लिए है। हर ग़ज़ल, हर नज़्म, हर शेर आपको अपने किसी भूले-बिसरे एहसास से जोड़ देगा। अगर कभी आपने मोहब्बत की है, टूटकर चाहा है, या खुद से ही एक अजनबी सा रिश्ता जोड़ा है–तो यह किताब आपकी अपनी कहानी बन जाएगी।

"एक शायर" मैं हूँ, "एक शायर" आप भी हैं।
तो आइए, इन लफ़्ज़ों में खुद को तलाशिए–क्योंकि शायरी सिर्फ़ सुनी नहीं जाती, जी जाती है।

"शायर हैप्पी"

ग़ज़लें

"मोहब्बत की किताब को खोल कर देखा
तेरा नाम ही हर सफ़ा हो गया"

तेरा फ़िराक़

तुम्हारे बाद ये हालात कुछ यूं बदल गए,
मैं खत्म हो गया और लोग मुझसे जल गए।

मोहब्बतों के सफ़र में मैं अकेला था,
जो हमसफ़र थे, वही रस्ते बदल गए।

मैंने जिया तुम्हें एक इबादत की तरह,
और तुम मेरे जज़्बात को कुचल गए।

वो कहते हैं, "तुम्हारा नाम अब भी जिंदा है,"
मगर मेरा नाम लेने वाले सब पिघल गए।

मेरे ख्वाब अब भी तुम्हारी जुस्तजू में हैं,
और तुम मेरे वजूद से बेअसर निकल गए।

मैं हर रोज़ खुद को तुझसे मिटाता रहा,
तुम हर रोज़ मेरे जख्मों पर हंस के चल गए।

अब तो अपनी परछाई से भी डर लगता है,
क्योंकि वो भी तुम्हारे साथ मेरे दिल से जल गए।

अब "शायर हैप्पी" के हर शेर में बस तुम हो,
मगर तुम मेरी ग़ज़ल से भी कहीं दूर निकल गए।

खुद के खिलाफ

सोचता हूँ कि उसकी यादों का बोझ बेच आऊँ
कोई तो होगा जो खरीदे ग़म की मिसाल से

वो जो बेच दिया था ख़ुद को एक निगाह में
अब लुट रहा हूँ उन्हीं के उठाए सवाल से

ज़ख़्म दिल के जो भर गए थे कब के
फिर उधर छलक उठे किसी हालात के जाल से

मेरा क़सूर था या उसकी अदा का दोष
दिल कह नहीं सका कभी इस हिसाब से

हर नई सुबह मुझे ये समझाती रही
हर राह जुड़ी है किसी अंधी मिसाल से

वो मोहब्बत जो कभी ईमान लगती थी
अब लगती है मुझे एक चोर के दाव से

छोड़ आए हैं जो रिश्ते रास्तों के साथ
अब मिला करती है बस यादों के माल से

मैं जो ख़ुद के ही ख़िलाफ़ एक फ़ैसला कर लूँ
शायद सुलह हो जाए मेरे भी हालात से

एक मंज़र है जो मेरी रूह का पीछा करे
और मैं भागता हूँ उसका असर कमाल से

ये जो ख़ुद को मिटा देने का जुनून है मुझमें
शायद कुछ रिश्ते छूटे हैं इस इंतक़ाम से

हैप्पी के साथ हर ग़ज़ल का एक वादा है
लिखी गई है ये दर्द के हर एक हाल से

कोई भी नहीं जो मेरी तन्हाई का सौदा करे
बस गुज़र बस रहा हूँ ख़ुद के सवाल से

मैं हर बार हार गया

मैं हर बार हार गया, कोई भी सुकून नहीं मिला,
तेरी यादों से निकलने का कोई फ़नून नहीं मिला।

मैं अपने ही घर में अजनबी सा फिरता रहा,
मगर इस शहर में मुझको कोई सकून नहीं मिला।

जो मेरी रूह में था, वही सबसे बेगाना निकला,
मैं जिसकी चाह में जला, उसी को जुनून नहीं मिला।

मैं ख़ुद को लिखता रहा हर रात की राख पर,
पर मेरी तहरीरों में भी कोई मज़मून नहीं मिला।

ख़ुद को भी बेच आया था मोहब्बत की राह में,
पर इन सौदागरों में कोई मसनून नहीं मिला।

मैं मिट भी जाता अगर कोई हासिल तो होता,
मगर राख में भी तेरा कोई निशून नहीं मिला।

जिसको समझा था क़ैद, वही मेरी रिहाई निकला,
मैं जिस दर्द से भागा, वही मेरी दवाई निकला।

हैप्पी, अब कौन सुने मेरी बेजान कहानियाँ,
मेरी बिखरी हुई ज़िन्दगी का भी मज़ार नहीं मिला।

तबाह कर बैठा

मैं ख़ुद को सारे हुनर सिखा कर तबाह कर बैठा,
मुझे ये क्या हुआ कि तुझे चाह कर तबाह कर बैठा?

तू मेरी रूह में था कि मैं अपनी रूह में था,
बस इतनी भूल हुई कि तुझे पा कर तबाह कर बैठा।

मैं शहर-ए-इश्क़ का आख़िरी उजड़ा हुआ मकाँ,
जो तेरा नाम लिख के उसे ढहा कर तबाह कर बैठा।

तू देखता रहा मेरी आँखों में धूप बनकर,
मैं तेरे साये से भी बचा कर तबाह कर बैठा।

मुझे ख़ुद से अब कोई गिला नहीं बाक़ी,
मैं अपनी आग में ही सुलग कर तबाह कर बैठा।

जो ज़ख़्म तेरी बातों से मिले थे बरसों पहले,
मैं आज फिर उन्हीं को हरा कर तबाह कर बैठा।

अब और क्या कहूँ कि मेरी हद थी बस यही,
कि मैं तुझे अपना ख़ुदा बना कर तबाह कर बैठा

जो अपने थे

हज़ारों ग़म थे, जो दिल पर गुजरते चले गए
हम उनसे लड़ न सके और बिखरते चले गए

तेरा वादा भी था, तेरी चाहत भी थी मगर
हम इंतज़ार में बैठे ही मरते चले गए

हमारी हसरत-ए-दीदार को वो क्या समझे
जो आइना थे, मगर ख़ुद ही संवरते चले गए

मोहब्बतों में वफ़ा ढूँढते थे हम नादान
जिन्हें ख़बर भी न थी, वो मुक़र्ररते चले गए

हम अपने दर्द को अश्कों में ढाल भी न सके
हमें तो लोग हँसी में उड़ा के चले गए

गिला न कर कि कोई अब हमें भी पूछेगा
जो अपने थे, वो भी हमसे मुकरते चले गए

मैं नहीं हूँ

ये जो मैं था, मैं नहीं हूँ, ये जो तू है, तू नहीं है
हो चुका है कुछ, मगर वो, जो हुआ है, हो नहीं है

ख़्वाब जो थे, वो भी जैसे, एक बेजान लाश निकले
और जो है ज़िंदगी वो, ज़िंदगी की रो नहीं है

धूप चमकी, वक़्त बिखरा, मैं भी कितना देर ठहरा
एक पल में गिर गया हूँ, और पल में हो नहीं है

ये जो लम्हे मुझ में उतरे, सब धुएँ में डूब बैठे
अब न मैं हूँ, अब न तू है, और कोई तो नहीं है

हर तमन्ना राख ठहरी, हर गुमाँ बेरंग निकला
अब किसी रस्ते में चलना, ख़ुदकुशी है, ख़ू नहीं है

मैं जो अपनी ही कहानी, एक जगह पर छोड़ आया
अब वहाँ बस एक साया, है मगर वो "मैं" नहीं है

जो लुटा इश्क़ पे

हसरतों का कारवां अब भी रुका रहता नहीं
ख़्वाब टूटा भी नहीं, दिल मगर बहला नहीं

मुद्दतों से हम इसी उम्मीद पर बैठे रहे
कोई आया भी नहीं, और कोई निकला नहीं

तेरी महफ़िल में सज़ा कर हम भी बैठे थे कभी
हाथ से सागर गिरा लेकिन कोई छलका नहीं

इश्क़ की राहों में अब कोई दिया जलता नहीं
हम सफ़र जब तक रहे, कुछ भी तो बदला नहीं

जो मिला इस ज़िंदगी से, उससे शिकवा भी नहीं
और जो खोया है, उसे पाने का भी हक़ था नहीं

दिल को समझाने की कोशिश हर दफा की थी मगर
इश्क़ तो मजबूर था, और अक़्ल काबू ला नहीं

ग़म उठाया हमने भी, ग़म उठाया सबने ही
फ़र्क़ इतना ही रहा, कोई भी हँस पाया नहीं

हैप्पी हमने भी दुनिया देख ली क़ायदे की
जो लुटा इश्क़ पे हमने, वो कभी निकला नहीं

इंतज़ार

तू आया नहीं, मगर महसूस हो रहा है
ये दिल का दर्द भी अब खुशबू हो रहा है

बरसात की बूंदों में तेरा अक्स दिखा
हर कोना शहर का अब जादू हो रहा है

लफ़्ज़ों से छू लूँ मैं तुझको कभी
ये ख़्वाब भी अब तो नामालूम हो रहा है

तेरे बिना गुलाब भी सूने-सूने हैं
हवा का रुख भी कुछ अधूरा सा हो रहा है

चाँदनी रात में भी साया ग़मगीन है
सितारों का रौशन होना भी कम हो रहा है

हैप्पी, ये दिल तेरा शहर बन चुका है
हर मोड़ पर तेरा इंतज़ार हो रहा है

तेरे बगैर

तेरा साथ एक गीत सा था, जो अब छुप गया है,
वो दर्द भी अब मेरी छाया बन गया है।

तेरी बातें, चाँदनी सी, लहरों पे लिखी थीं,
अब उनका असर सिर्फ़ ख्वाबों में रह गया है।

वो पतझड़ के दिन थे, पर तेरे होने से गुलशन था,
अब तो बहारें भी एक उदास सा बन गया है।

मैंने खुद को हर बार तेरे हवाले किया था,
मगर अब यह दिल सिर्फ यादों का मक़ाम बन गया
है।

वो लम्हे जो तेरे साथ गुज़ारे थे, अब लम्हे ही हैं,
ज़िंदगी तो अब सिर्फ एक खाली क़िस्सा बन गया है।

जो मोहब्बत थी वो मेरी पहचान बन गयी,
और वोह पहचान मेरी तन्हाई बन गयी |

पर हैप्पी के जज़्बात का एक फ़साना था,
जो हर दिल में मोहब्बत का पैग़ाम बन गयी |

"जो खुशबू थी"

वो जो खुशबू थी, अब हवाओं में नहीं मिलती,
ज़ख्म तो है, पर वो दवाओं में नहीं मिलती।

दिल का साहिल भी अब उदासी से भर गया,
तेरे कदमों की छाप लहरों में नहीं मिलती।

मेरे हर लफ्ज़ में तेरा ही ज़िक्र होता है,
पर मेरी बात तुझे सदाओं में नहीं मिलती।

जो तेरी आँखों में एक दर्द का समुंदर था,
अब वो गहराई भी जज़्बात में नहीं मिलती।

तेरे बगैर एक भी शब नहीं गुजरती है,
मुझे वो नींद अब दुआओं में भी नहीं मिलती।

हर, सफर तेरे बिन खाली-खाली सा लगता है,
जो राह चाही थी, वो रहगुज़र में नहीं मिलती।"

"तेरे अलग होने का दर्द छुपाया था मैंने,
पर वो मुस्कान अब ख़ुदायों में नहीं मिलती।"

"अब हैप्पी के आँसुओं ने एक आइना सा बनाया है,
वो सच जो अब दुनिया के आशियाने में नहीं
मिलती।"

यादों का शहर

वो जो खुशबू थी हवाओं में, बिखर गई है।
तेरे बिना ज़िंदगी आज बिखड़ गई है।

मुझसे खुद की तलाश अब अधूरी है,
जैसे चांदनी किसी रात से उतर गई है।

तेरे खत आज भी दिल के करीब रखते हैं,
वो बातें, जो ज़ुबां पर कभी उतर गई हैं।

हाँ, नज़रों में है तेरा शहर बसा हुआ,
पर वो गली मेरी यादों से गुजर गई है।

दिल के जख्मों पे तो आँसुओं का शौक था,
अब तो आग भी मेरी राख को ठहर गई है।

तो जो नहीं, कौन मुझे संभालेगा?
"मेरी खुदाई मेरी साँसों से उतर गई है।

ज़िंदगी अब एक शब-ए-ग़म का सिलसिला है,
वो मोहब्बत भी, जो थी, मेरी मर गई है।"

"अब हैप्पी की हर शायरी बस यह कहती है,
तेरी याद से मेरी दुनिया उजड़ गई है।"

तेरे बिना ज़िंदगी

मेरे ख्वाबों का चिराग बुझ गया है कहीं,
अब तो हर रात का शोला भी थक गया है कहीं।

तुझ से बिछड़ के जिंदा हूँ, मगर क्यों ज़िंदा हूँ?
यह सवाल मेरे साये में छुप गया है कहीं।

दिल से उठी थी सदा, उसको सुनता कौन?
वक़्त भी ग़म के बहाने बह गया है कहीं।

मैं तेरे ग़म से गुज़र रहा हूँ तन्हा,
मेरी रगों में एक ज़हर उतर गया है कहीं।

तेरा वादा करना, तेरा वादा तोड़ देना
यह अफसाना मेरी रूह में बस गया है कहीं |

अब तोह दिल चाहता है के खुद को मिटा दूँ,
हर एक याद का मंज़ार दिख गया है कहीं |

मैंने चाहा था तेरे साथ जीवन गुज़ारना,
पर मेरा अरमान सफर बन गया है कहीं |

पर हैप्पी के अलफ़ाज़ बी रोक ना सके तुझे,
तेरी याद का दरिया अब थम गया है कहीं |

तक़दीर का काग़ज़

दिल-ए-नादान को समझाया, मगर बेकार गया,
तेरा अक्स था जो हर "शीशा-ए-दिवार" गया।

तेरी बातें, तेरी यादें, वो शब-ए-तन्हाइयां,
मुझे लगता है मेरा सब कुछ तेरा प्यार गया।

तक़दीर के हाथों में था एक खाली काग़ज़,
जो लिखा था मोहब्बत से, वो असर बेकार गया।

तेरे हिज्र में जो छोड़ा था खुद का साथी,
वो जुनून भी अब शिकस्ता-ए-कारोबार गया

दिल के दाग़ों को छुपाना अब आसान नहीं,
जख्म भरते नहीं, लेकिन यह असर बार बार गया।

हैप्पी एक शायर था जो खुद को मिटा कर,
तेरे दर्द के नाम अपनी हार शब् -इ -बेदार गया

दिल का कफ़न

दिल को हमने दर्द का मंजर बना दिया,
एक खुदा था, उसको भी बेघर बना दिया।

वो जो साथ चलता था कभी ख्वाब के सफर में,
आज उसी ने ख्वाबों को खाक़िस्तार बना दिया।

आंखों में आंसुओं का एक दरिया था कभी,
तेरी यादों में उसको भी समुंदर बना दिया।

जख्म तो मिले थे, मगर जीने की आस थी,
तेरे फ़िराक में मुझे मुकद्दर बना दिया।

सितारों की चादर में जो साथ सोया था,
उस रात का सपना भी मैंने जहर बना दिया

तन्हाई में बातें करता हूँ अब खुद से,
वक़्त ने मुझे यूं दीवाना बना दिया।

क्या थी मेरी ख़ता, जो ये सज़ा मुझे मिली,
हर खुशी का दर्द में मंज़र बना दिया।

हँसी, मोहब्बत का सिलसिला है ये ज़िंदगी,
तूने इस दिल को बस एक कफ़न का घर बना दिया।

यादों का हुज़ूम

तेरे बिना भी जीने का गुरूर रखते हैं,
दिल में एक उदासी का शोर रखते हैं।

रात भर जो अश्कों का सिलसिला था कभी,
अब वो सिर्फ़ ख्वाबों का नूर रखते हैं।

क्या हुआ जो हम तुमसे बात नहीं कर सके,
दिल के कोने में अब भी ज़रूर रखते हैं।

ज़िंदगी के आने में अक्स दिखते नहीं,
हम तो बस ग़मों का दस्तूर रखते हैं।

मिट्टी के शहर में मशरूफ लोग मिलते हैं,
पर हम भी खुद को मग़रूर रखते हैं।

जो दिया था तूने एक लफ़्ज़-ए-मोहब्बत कभी,
अब तक वो शोला शिद्दत-ए-शोर रखते हैं।

चमक का शहर है, दर्द का ज़िक्र है हर जगह,
फिर भी हम ज़ुबां पर सुकून रखते हैं।

मोहब्बत और तोह माज़ी का क़िस्सा है अब,
अब सिर्फ यादों का हुज़ूम रखते हैं।

जरूरी था क्या?

"मुझे से "यूँ" रोठ के जाना ज़रूरी था क्या?
हैप्पी का दिल तोड़ना जाना ज़रूरी था क्या?

चाँद भी आज उदास है मेरे ग़म के लिए,
"तेरा वह शहर बसाना ज़रूरी था क्या?

आँखों में सपने थे,मोहब्बत की राह के
सपनों का "यूँ" "बिखरना" ज़रूरी था क्या?

जो तेरा था वो मेरे दिल से "जुदा" हो गया,
रिश्तों का "यूँ" टूटना ज़रूरी था क्या?

ज़िंदगी एक "कत्रा" थी, मौसम एक "बात" थी,
इन दिनों का "यूँ" "रुलाना" ज़रूरी था क्या?"

अब तो खुद से भी शिकायत होने लगी मुझे,
हैप्पी को खुद से हराना जरूरी था क्या?"

तेरा आना याद आता है

उसका वादा, उसका फसाना याद आता है,
बेज़ुबान दर्द का अफसाना याद आता है।

छोड़ कर जो गया था एक आँसू का "दरिया,"
अब तक वो "पलकों" का भीग जाना याद आता है।

दिल को हर दफा यूं संभालते हूँ तन्हाई में
"पर" तेरा मुस्कुराना याद आता है।

"दिल के घाव पर मरहम लगाने का जुनून था उसका।,"
और फिर वह "धोखा पुराना" याद आता है।

'हैप्पी' मोहब्बत के सफर में भटक गया हूँ,
अब सिर्फ तेरा आना, तेरा जाना याद आता है।

"मेरी मोहब्बत का आख़िरी हक़"

मैं "रूठ कर" चली गई, पर ख़फ़ा भी नहीं।
तुझसे जुदा हो गई, मगर जुदा भी नहीं।

'हैप्पी' के शेर सुन, तो शर्मिंदा ज़रूर "होगा"
मोहब्बत में "हारने" का ग़म रहा भी नहीं।

दिल का हर कोना तेरी यादों का "घर" बना।
"पर तू उस घर में था कभी, यह पता भी नहीं।

तेरे ख़ुदा को अपना मानने लगी थी मैं।
पर वो भी तेरे जैसा था, वफ़ा भी नहीं।

रात के चांद से बातें की थी मैंने कभी।
पर सुबह आई, तो उसका रोशन हवा भी नहीं।

"जो ख़त लिखे थे तेरे लिए, जल दिए मैंने,
लफ़्ज़ बचे जो, उनका दिल से लगाव भी नहीं।

जो साथ छोड़ गया तू, वो दर्द रहा,
पर उस दर्द से मोहब्बत थी, दवा भी नहीं।

तेरी गली में आई थी रूह के जज़्बात लेकर,
मगर तेरे दर पे रुकने का हुक्म मिला भी नहीं।

जो मौत से ज़्यादा गहरा था, वो इंतज़ार,
अब उसका क्या फायदा, अगर तू मिला भी नहीं।

"तेरे बिना सांस ली है"

तेरे बिना सांस ली है, मगर ज़िंदा नहीं।
दुनिया के दुख सहे हैं, पर खुश कभी नहीं।

'हैप्पी' के यह फ़साना, मोहब्बत के संग है।
दिल का जो हाल लिखा, वह झूठा नहीं।

तेरे लिए खुद को तोड़ा, खुद को बनाया।
"खुद से मगर रिश्ते का बंधन रहा नहीं।"

ज़ख्म को चेहरा दिया, आंसुओं को जुबान।
दर्द के इस शहर में अब कुछ नया नहीं।

चांद भी शर्मिंदा है, तारों में है ख़ामोशी।
मौसम बदल गए हैं, पर तू वहां नहीं।

तेरा लिखा लफ्ज़ था, हर ख़त अभी भी ज़िंदा।
जो भी सुना था तुझसे, वो भुलाया नहीं।

दिल "ने" कहा था तुझसे, बस एक ही दुआ।
वो जो दुआ मांगी थी, वो पूरी कभी नहीं।

जो साथ चल सके तू, वो राह खत्म "क्यों हो"
जो बात कहना चाहा, वो बात थी नहीं।"

"खुद से जुदा हैं हम"

खुद से जुदा हैं हम, तुमसे वफा के बाद।
ज़िंदा मगर नहीं, तेरे धोखे के बाद।

'हैप्पी' का दर्द सुन, "और कर मज़ार रोशन"
दिल से लिखा गया, इस शिकायत के बाद।

चाँद थे साथ मेरे, रात भी सुहानी थी,
"तन्हा रहा मगर तेरी वफ़ा के बाद।"

जो भी हवा चली, ले गई तेरा अक्स साथ।
खुशबू भी खो गई, फूल मुरझा के बाद।

ज़ख्म हैं रोशनी, दर्द नहीं रूह की "सदा"
जीने का इल्म मिला, तेरे छोड़ जाने के बाद।

आईना टूट गया, अक्स भी बिखर गया।
खुद से मज़ा मिला ना, तेरे दिल आने के बाद।

इश्क का रंग था, खुशबू हवा थी तभी।
सब कुछ उड़ा गया, तेरे अफ़साने के बाद।

सच था या झूठ था, बस यह समझ नहीं पाए।
प्यार की हक़ीकत क्या, तेरे जाने के बाद।"

छुपा हुआ दर्द

"अश्क" भी रोए हैं मोहब्बत के सिलसिले में।"
पर छुपकर किसी से यह दिखाया नहीं।

"जिस्म था महफ़ूज़ मगर रूह के टुकड़े थे।"
जब तक तेरे पास था, समझाया नहीं।

छोड़कर तुम चले गए थे "रास्ते" में,
पर खुद को खोया कभी भुलाया नहीं।

एक आईना था जो तेरे अक्स में था जमा,
वक्त ने तोड़ा, मगर तोहफा बनाया नहीं।

दिल से तेरी गली तक राह बनाई थी,
मगर कभी भी "तेरे" दर पे आया नहीं।

हर एक दिन मोहब्बत में दर्द का मौसम था,
खुद से यह हाल दिल का समझाया नहीं।

जो ज़ख्म दिल के हैं, उन्हें छुपाया नहीं।
दर्द जो मिल गया था, उसे भुलाया नहीं।

'हैप्पी' का है यह शोर, मोहब्बत का फ़साना,
तेरे बिना किसी को यह समझाया नहीं।"

"तेरे बिना का जहाँ"

तेरे बिना ज़िंदगी में सुकून का पता नहीं,
हर राह के गुज़र के भी मंज़िल मिला नहीं।

जो चाँद कभी रोशन था मेरे ख़यालों में,
अब उसका नूर भी दिल को संभालता नहीं।

"हर एक चेहरा तेरे साये का अक्स लगता है।"
पर उन आँखों में तेरा निशान मिला नहीं।

जो ख्वाब मेरे दिल ने तेरे लिए सजाए थे,
अब वह ख्वाब भी खुद को समझता नहीं।

हर एक शहर में तेरा इंतज़ार करता रहा,
तेरी गली के बाद मुझे कोई शहर बसा नहीं।

हैप्पी के जज़्बात सिर्फ यादों का एक दरिया हैं,
जो बहता तो है, पर कभी थमता नहीं।"

तेरे बाद की कहानी

तेरे बाद हवाओं में खुशबू नहीं रही।
दिल में भी अब मोहब्बत की गुफ़्तगू नहीं रही।

वो फूल जो तेरे हाथों से खिलते थे,
अब उनमें भी खिलने की "आरज़ू" नहीं रही।

"मैं हर शाम तेरे इंतज़ार में खड़ी रही,
मिट्टी सी थी मगर तेरे रंग "चढ़ी" नहीं रही।"

ज़िंदगी के हर मोड़ पर तुझे पुकारा मैंने,
पर यादों के जहां से कोई "रफू" नहीं रही।

वो ख़त जो मैंने दिल के सफर में लिखे,
हर अल्फ़ाज़ में बस एक दुश्मन को दुखी रही।

मेरे साये ने भी मुझे तन्हा छोड़ दिया।
"तेरे बिना मेरी दुनिया में रोशनी नहीं रही।"

जो आँखों में ख्वाब बनके तू आया था,
अब बस आँसुओं के सिलसिले में छुपा रहा।

'हैप्पी' के लफ़्ज़ सिर्फ दर्द की मिसाल हैं।
मोहब्बत का वो आईना,जो कभी साफ़ नहीं रहा।

एक शायर

मैं एक 'शायर' हूँ, तन्हा सफर में रहा।
हर ग़ज़ल का मकसद बस "ख़बर" में रहा।

दिल के टुकड़े गिने तो, मोहब्बत मिली,
पर यह "जीना" भी, एक "बेकार" घर में रहा।

हर शब तेरे ख्वाबों में डूबा रहा,
और खुद का वजूद सिर्फ अंधेरे में रहा।

जो बातें तेरे नाम से रोशन थीं,
वो दुख बनके अब तेरे दर में रहा।

ज़िंदगी एक किताब थी, पढ़ती नहीं।
और हर सफा सिर्फ एक शिकवे में रहा।

मैं शिकस्ता था, पर मोहब्बत "लिखी"
जो ग़म था, वो खुद के सफर में रहा।

तेरा ग़म मुझे खुद से शिकस्ता करे,
मैं हर दर्द सिर्फ तेरे गुज़ार में रहा।

'हैप्पी' का "हर" शेर, एक मिसाल हो गया।
जो ज़ख्म था, वो अब बस "नज़र" में रहा।

तेरे इंतज़ार ने हर पल मिटा दिया,
और वक़्त भी बस तेरे "बसर" में रहा।

अब तो दिल भी खुद से पराया लगता है,
जो था मेरा, वो तेरे सफर में रहा।"

तेरे ग़म के साये में

तेरे ग़म के साये में ज़िंदा रहा हूँ,
खुद से जुदा हूँ, पर तेरा रहा हूँ।

हर शब तेरे ख़्वाब में खोया रहा,
दिल में दर्द लेकर रोशनी जलाता रहा हूँ।

तेरी बातों के जादू अब तक ज़िंदा हैं,
जो लफ़्ज़ अधूरे थे, उनका नशा हूँ।

मोहब्बत में खुद को मिटाया है मैंने,
अब सिर्फ एक ख़ाली तमाशा बना हूँ।

तुझे ढूंढता हूँ हर एक गली के मोड़ पर,
जो मिला नहीं, उसका तमन्नाई वफ़ा हूँ।

हर सांस में एक "ज़िक्र" "तेरा" ज़िंदा है,
ज़ख्मों के समुंदर का एक दिया हूँ।

तेरे बिना ज़िंदगी एक ख़ामोशी है,
जो शोर के दरमियान भी तन्हा रहा हूँ।

इश्क़ की धूप

ज़िंदगी राह में जलती रही, साया न मिला,
इश्क़ के शहर में कोई भी पराया न मिला।

हमने चाहा था कि मंज़िल पे ठहर जाएँ मगर,
तेरी यादों के सिवा और ठिकाना न मिला।

ज़ख़्म खाने की सज़ा ये थी कि हंसना छोड़ा,
हिज़्र में रोए तो अश्क़ों का बहाना न मिला।

तू जो बिछड़ा तो तेरा नाम भी छूटा हमसे,
अब किसी शख़्स को अपना ही फ़साना न मिला।

हम सरे-बाज़ार मोहब्बत को सजा देते क्या?
दिल के सौदे में हमें कुछ भी कमाना न मिला।

वो जो लुट कर भी सुकूँ ढूँढ रहे थे 'हैप्पी',
उनके हाथों को दुआओं का ख़ज़ाना न मिला।

दिल की रात बहुत तन्हा है

दिल की रात बहुत तन्हा है, चिराग़ जलाए कौन,
इश्क़ के सूने आँगन में, अब तेरी यादें लाए कौन?

हमने हर दर्द को हँस कर पी, तेरा नाम भी दिल में
रखा,
अब जो तुझसे शिक़ायत हो, वो नग़मा फिर से गाए
कौन?

ख़्वाबों की भीड़ में रस्ता भूल चुके हैं तनहा लोग,
अब इस वीरान बस्ती में, खोई राहें बताए कौन?

हमको बिछड़े ज़माना बीता, फिर भी हर शब ये होता
है,
तेरा एहसास बुलाता है, और तुझ तक पहुँचाए कौन?

इश्क़ के खेल में हर शख़्स, इक चेहरे का बंदी है,
हर कोई दर्द का मालिक है, हर कोई बेगाने कौन?

अब भी 'हैप्पी के अश्आर, तेरा नाम लिए रोते हैं,
हम जो ख़ामोश हुए कब के, अब ये ग़ज़ल सुनाए
कौन?

दर्द का हासिल और क्या है

दर्द का हासिल और क्या है, पूछ मत,
इश्क़ का हासिल और क्या है, पूछ मत।

दिल ने जब चाहा कि तुझ तक जा सकूँ,
राह में मंज़िल और क्या है, पूछ मत

इक ज़माना था कि तेरा नाम तक,
लब पे था, मुश्किल और क्या है, पूछ मत।

ख़्वाब टूटा तो पता ये भी चला,
जाने वाली दिल और क्या है, पूछ मत।

हमसे जो पूछे कोई हाल-ए-जुनूँ,
साथ इक महफ़िल और क्या है, पूछ मत।

इश्क़ ने ख़ुद ही मिटा डाला हमें
वरना इक क़ातिल और क्या है, पूछ मत।

तेरा ज़िक्र जब भी आता है

तेरा ज़िक्र जब भी आता है,
दिल में इक शोर सा उठ जाता है।

ख़्वाब आँखों में अब भी ज़िंदा हैं,
इश्क़ सदियों तलक जल जाता है।

हमने चाहा था तुझे भूलेंगे,
पर ये सोचा था क्या? भुलाया है?

तू जो बिछड़ा तो मालूम ये हुआ,
ज़ख़्म भरते नहीं, बस आता है।

अब भी महफ़िल में बातें होती हैं,
तेरा एहसास फिर से छा जाता है।

वक़्त चलता रहा, सब बदलते गए,
इश्क़ लेकिन वहीं ठहर जाता है।

तुम जो बिछड़े हो, फिर मुलाक़ात क्यों रहे?

तुम जो बिछड़े हो, फिर मुलाक़ात क्यों रहे?
दिल में हर शाम यूँ ही ख़यालात क्यों रहे?

रात भर जागती हैं ये आँखें मेरी,
चाँद से अब कोई भी सौग़ात क्यों रहे?

ख़त जो लिखे थे, अब भी महकते हैं,
बिन तुम्हारे ये लफ़्ज़ों की बरसात क्यों रहे?

बरसों पहले जो दिल को समझा लिया था,
फिर उसी मोड़ पर आज जज़्बात क्यों रहे?

तूने चाहा था जाना, चला भी गया,
फिर ये तन्हाइयों में सवालात क्यों रहे?

इश्क़ जब मोम था, तब पिघलता रहा,
अब जो पत्थर हुआ, फिर सदाआत क्यों रहे?

 ये जो ज़िंदगी अधूरी लगती है

ये जो ज़िंदगी अधूरी लगती है,
अब तो ख़ुद से भी दूरी लगती है।

मैं जो हँसता हूँ सबसे महफ़िल में,
अपनी हालत मज़ाक़ लगती है।

तू गया तो यक़ीन आया ये,
ज़िंदगी एक सज़ा भी लगती है।

ख़्वाब आँखों में थे, मगर फिर भी,
नींद अब बेवजह सी लगती है।

अब कोई मुझसे पूछता भी नहीं,
बात करना भी फ़ुज़ूल लगती है।

तेरी ग़ैरत पे छोड़ दी दुनिया,
अब मोहब्बत ज़रूर लगती है।

मैं जो पहले 'मैं' हुआ करता था,
अब तो बस इक ग़लतफ़हमी लगती है।

मैं अपना अक्स मिटा आया हूँ

मैं अपना अक्स मिटा आया हूँ,
तुम्हारी राह सजा आया हूँ।

जो ज़ख़्म दिल पे दिए थे तुमने,
मैं उनको फूल बना आया हूँ।

तुम्हारी याद का जादू देखो,
मैं खुद को भूल गया आया हूँ।

जो चाँदनी में थे अंधेरे पहले,
वहाँ दीये मैं जला आया हूँ।

कभी जो रूठ के जाते थे हम,
मैं अपनी जिद भी मिटा आया हूँ।

तुम्हारी बात में सौ रंग थे,
मैं अपने लफ़्ज़ गँवा आया हूँ।

कहीं पे दिल, कहीं आँखें रख दीं,
मैं अपना शहर लुटा आया हूँ।

ये किसकी आहट थी सहरा में,
हैप्पी फिर लौट के क्या आया हूँ?

ये जो हालात हैं, कुछ कम तो नहीं हैं

ये जो हालात हैं, कुछ कम तो नहीं हैं,
दिल के अफ़साने में ग़म कम तो नहीं हैं।

हसरतें, आहें, तमन्नाएँ, उदासी,
इश्क़ के बाज़ार में दम तो नहीं हैं।

साथ चलने का किया था जो वादा,
तेरी यादों में वो क़सम तो नहीं हैं।

मैंने समझा था ख़ुदा हूँ मैं भी,
तेरी आँखों में वो वहम तो नहीं हैं।

अब भी वीरान हैं दिल की गलियाँ,
अब भी उम्मीदों में नम तो नहीं हैं।

हैप्पी हूँ, फिर भी ये तन्हाई कहती,
इस जुनूँ में कोई कम तो नहीं हैं।

"नज़्मे"

अक्सर मैं सोचता हूँ

अक्सर मैं सोचता हूँ,
क्या ज़िंदगी बस एक शिकवा है?
या मोहब्बत का वो अधूरा सा क़िस्सा,
जो अधूरा छोड़ कर कोई चला गया?

मैं तो था एक फ़कीर-ए-मोहब्बत,
जो तेरे ग़मों का सदका चढ़ाता रहा।
तेरे हर बेपनाह इल्ज़ाम को
अपने जिस्म पर सजाता रहा।

वो बातें जो खामोशी में दोहराई थीं,
वो आँसू जो तन्हाई में बहाए थे,
अब भी मेरी रूह के किसी कोने में
तेरे अक्स के साथ ज़िंदा हैं।

तुझसे मिलना तो एक वहम था शायद,
जैसे धूप का ख़्वाब रखता बर्फ के शहर में।
"और फिर छोड़ जाना,
जैसे ज़ख्म के साथ उसका दर्द भी छीन लेना।"

"मुझे मत पूछ, मेरी शिकस्त का अंज़ाम क्या है,
यह तो वो दास्तान है,जो लिखी ही ना गई।
मैं तो बस एक शायर हूँ, जो हर शब्द के पीछे
तेरी यादों को छुपा लेता है।"

"लेकिन क्या फ़ायदा, के वो किताब भी
कभी तू पढ़ेगी नहीं।
अब मैं कभी लिख नहीं पाऊंगा।"

मैं खुद को खोना था

तुम्हारे शहर में आए थे,
खुद को खोना था।
पर इस खुदाई में भी हमें
तन्हा ही होना था।

जमीन रोई, आसमान भी आंसुओं में भीग गया,
मुझे पता था दिल को आखिर
दर्द ही होना था।

जो दर्द था, वो तुमसे
शिकायत नहीं बन सका,
जो प्यार था, उसका सिर्फ एक
अफसाना होना था।

हर, एक लम्हा गुजरता रहा
बेचैनियों के साथ,
मुझे पता था इस शब को
भी खाली सोना था।

तुम्हारे जिक्र के साये अब
भी पीछा करते हैं,
ये सारी यादों का सिलसिला
ना जानें क्यों रोना था।

अफ़साना-ए-वजूद

मिट्टी से पूछा एक दिन इंसान का निसान
बोली, "जो था अब सिर्फ़ एक उड़ा हुआ धुआं।"

समुंदर की लहरों से पूछा सफर का राज़,
बोली, "जो उतरा कभी, वापस नहीं आया साथ।"

चाँद से पूछा दर्द क्यों इतना गुम है,
बोला, "जो रोशनी में है,
वो अंधेरों का संगम है।"

हवाओं से पूछा क्यों करती हो रक्स,
बोली, "जो खुद चल नहीं सकता,
उसका बनाती हूँ साज़।"

फिर खुद से पूछा, "मैं कौन हूँ,
क्यों हूँ यहाँ?"
दिल बोला, "तू है एक अफ़साना
जो खुद ही अनजान।"

में और मेरी हार

तुम्हें क्या मालूम,
मोहब्बत मेरे लिए क्या थी?
वो एक जंग थी
जो मैंने खुद से, अपनी रूह से लड़ी थी।
और हारना
मेरी पहली जीत थी।

तुमसे इश्क़ करना
जैसे अपनी सांसों को ख़ुदा के नाम करना था।
मैंने तुझे हर नाम दिया,
मगर तेरा कोई चेहरा नहीं था।

तुम्हें हर शेर में जगह दी,
हर ग़ज़ल में तेरी सूरत बनाई।
मगर तुम,
तुम मेरे लफ्ज़ों में भी बेजान निकले।

मैंने अपनी रूह को हर रोज़ रुलाया,
तेरे ना होने के ग़म में जिया।
मगर ये भी जानता था,
तेरे होने से भी मैं अधूरा रहता।

तुम्हें फर्क नहीं पड़ता था,
और मुझे,
मुझे अपने हर जख्म का हिसाब देना आता था।
तुम्हारी बेपरवाही ने
मेरे वजूद को बुझा दिया।
अब मैं,
मैं अपने ही जलने का तमाशा बना हूं।

मुझे हर रोज़ एक नया ख़ुदा मिलता है,
जो मेरी मोहब्बत को देख हंस देता है।
और मैं,
हर रोज़ उस हंसी में खुद को दफन कर देता हूं।

शायर हैप्पी का हर अल्फाज़ यही कहता है,
कि मोहब्बत एक ऐसा दर्द है,
जो न जीने देता है, न मरने।

दुआ जो कबूल नहीं हुई

तुमसे मोहब्बत करना
जैसे अपनी सांसों को धुएं में बदल देना था।
हर सांस, हर लम्हा
तेरे नाम पर ख़ुद को जलाना था।

तुम्हें शायद यकीन हो,
कि मोहब्बत महज़ एक लफ़्ज़ है।
मगर मैं,
मैंने इसे एक दुआ बना दिया।
ऐसी दुआ,
जो कभी कुबूल नहीं हुई।

तुमने मुझे देखा था
जैसे कोई पत्थर नदी के पार लुढ़कता है।
और मैं,
मैं हर बार उसी नदी में डूब जाता था।

मुझे लगा था,
तू मेरे दर्द का गवाह बनेगा।

मगर तू,
तू मेरी बर्बादी का तमाशा बन गया।

अब मेरा वजूद सिर्फ एक सवाल है।
एक चीख,
जो तेरे पास कभी नहीं पहुंचती।
मैं हर रोज़ ख़ुद को लिखता हूं,
और हर रात ख़ुद को मिटा देता हूं।

"शायर हैप्पी" अब एक नाम नहीं,
यह मोहब्बत का मलबा है।
एक ऐसी दास्तान,
जो कोई पढ़े, तो ख़ुद से रुसवा हो जाए।

मैं कौन हूं?

मैं कौन हूं?
एक सवाल, जो हर रात मुझसे टकराता है,
जिसे मैंने उम्रभर नज़रअंदाज़ किया,
मगर वो सवाल,
मेरी तन्हाइयों में चीख बनकर गूंजता है।

मैं कौन हूं?
एक अधूरी तहरीर,
जिसके अल्फ़ाज़ खो गए वक्त की धूल में,
एक चुप्पी, जो हर सदा से बड़ी है,
एक ख्वाब, जो आंखों में जलकर राख हो गया।

मैं कौन हूं?
एक पत्थर,
जिसे नदी ने सदियों तक गढ़ा,
मगर फिर भी वो पानी की तरह बहना न सीख सका।

मैं कौन हूं?
वो राग, जो बेसुरा है,
वो सहर, जो हर रात के बाद भी मुकम्मल नहीं होती,

वो ज़ख्म,
जो न भरा है, न ख़ून बहाना बंद किया।

मैं कौन हूं?
"हैप्पी," एक नाम, जो मुस्कान का था,
मगर इस नाम के पीछे छिपी चीखों को
किसी ने सुनना ज़रूरी नहीं समझा।

तो तुम ही बताओ,
क्या तुम जानते हो मुझे?
क्योंकि मैं खुद नहीं जानता
मैं कौन हूं।

"दस साल का मातम"

दस साल...
तू मेरी हर सांस में शामिल थी,
तेरी हंसी मेरी आवाज़ थी,
तेरी ख़ुशबू मेरे वजूद का हिस्सा।
मैंने तुझे चाहा,
जैसे इबादत करने वाला बंदा
अपने रब को चाहता है।

तेरा ज़िक्र हर बात का मक़सद था,
तेरा नाम मेरे लहजे की नरमी।
मैंने मोहब्बत को तुझमें देखा,
और तुझसे आगे कभी कुछ नहीं चाहा।

फिर वो दिन आया...
जब मोहब्बत के सारे मायने बदल गए।
तेरे हाथों में किसी और का हाथ था,
तेरे लबों पर किसी और का नाम।
तूने मुझे अपने ख्वाबों से निकाल दिया,
जैसे मैं कभी उनमें था ही नहीं।

मैंने तेरे लिए जो उम्र जलाई थी,
वो अब राख बनकर हवा में बिखर गई।

तूने कहा, "ये मेरा फैसला है,"
मगर वो फैसला मेरे वजूद का अंत था।

दस साल...
हर लम्हा जो तुझसे जुड़ा था,
आज वो ज़ख़्म बनकर मेरे सीने में धड़कता है।
मैंने तुझे अपना खुदा माना था,
मगर तूने मुझे बुत की तरह तोड़ दिया।

अब मैं तुझसे कोई शिकायत नहीं करता,
शिकायतें तो मोहब्बत में की जाती हैं।
मगर हां, तेरा नाम जब भी लिखता हूं,
तो कागज़ की स्याही भी जलने लगती है।

"हैप्पी" अब मोहब्बत से डरता नहीं,
मगर हां, उस सच्चाई से कांपता है,
जो तुझसे मिली।
दस साल का मातम मेरी रूह का हिस्सा है।

"उसके बाद का सन्नाटा"

उसके बाद...
जैसे सब रुक गया हो।
घड़ी की सूइयां चलती रहीं,
मगर वक्त वहीं ठहर गया।
हर लम्हा मेरी रूह पर बोझ बन गया,
जैसे सांस लेना भी गुनाह हो।

उसके बाद...
शहर वैसा ही था,
लोग वही थे,
मगर हर चेहरा अजनबी सा लगने लगा।
रास्ते जो तेरी तरफ जाते थे,
अब वीरानों की तरह भटकाते हैं।
जिस घर में तेरा नाम लिया था,
वो अब कब्रिस्तान लगता है।

उसके बाद...
शेर अधूरे से लगते हैं,
कागज़ पर उतरते हैं,
मगर चीखों की शक्ल में।
कलम कांपती है,
जैसे मेरे जख्मों का बोझ उठाने से इंकार कर रही हो।

उसके बाद...
मैंने खुद से बात करना शुरू किया,
मगर खुद भी मेरी आवाज़ सुनने से कतराने लगा।
आईना जो कभी मेरा हमराज़ था,
अब मेरे सामने आते ही टूटने लगता है।
हर साया मेरा पीछा करता है,
जैसे मुझे मेरी ही गलियों में गुम कर देना चाहता हो।

उसके बाद...
नींद ने मेरी आंखों से रिश्ता तोड़ लिया।
ख्वाब अब आते नहीं,
सिर्फ यादों के क़ातिल गुजरते हैं,
जो हर रात मेरे दिल को कतरा-कतरा चीर देते हैं।

उसके बाद...
"हैप्पी" अब सिर्फ एक नाम रह गया है।
मुस्कान की नकाब ओढ़े,
हर रोज़ एक नया गम सहता है।
उसके बाद...
मैं जिंदा तो हूं,
मगर अब मैं... मैं नहीं रहा।

मैं तुम्हारे बाद

मैं तुम्हारे बाद...
जैसे एक रूह, जो अपने जिस्म से जुदा हो गई।
जैसे कोई घर, जिसकी दीवारें अब गिरने को तैयार
हों।
जैसे बारिश, जो बादलों के बिना बरसने निकली हो।

तुम्हारे बाद...
हर लफ्ज़ अधूरा लगता है।
शायरी अब ख़ामोशी बन गई है।
कलम लिखती है, पर स्याही से खून टपकता है।
हर लफ़्ज़,
हर हरफ़,
तेरा चेहरा बनकर कागज़ पर उभर आता है।

तुम्हारे बाद...
ख्वाब देखना बंद कर दिया है मैंने।
क्योंकि ख्वाबों में जो चेहरा आता है,

वो अब किसी और का अक्स है।
और मैं...
मैं उसे देखने की हिम्मत नहीं रखता।

तुम्हारे बाद...
वक़्त थम गया है।
घड़ी की टिक-टिक भी अब ताना देती है,
जैसे पूछ रही हो,
"कितनी ज़िंदगी बाकी है अभी?"
मैं कहां जाऊं?
कौन से दर पर सिर झुकाऊं?
किस खुदा से शिकवा करूं?
क्योंकि खुदा भी तो तुम्हारे साथ चला गया।

तुम्हारे बाद...
दुनिया वैसी ही है,
बस मेरा हिस्सा अब इसमें नहीं।
लोग हंसते हैं, मैं सुनता हूं,
जैसे ये हंसी मेरा मज़ाक उड़ा रही हो।
मैं अब भी ज़िंदा हूं,
मगर हर दिन मर रहा हूं।

तुम्हारे बाद...
जिंदगी खत्म हो गई,
पर मौत अब भी मुझसे दूर भागती है।
शायद वो भी
तुम्हारी तरह
मुझे अधूरा छोड़ना चाहती है।

मेरी तलब

मेरी तलब है वो एक लड़की,
जो चाँदनी रातों का सपना हो,

जो ख्वाबों में छुपी एक बात हो,
जो बात करते हुए शायरी लगे,
और ख़ामोशी में भी एक मुलाक़ात हो।

मेरी तलब है वो एक लड़की,
जिसकी मुस्कान में जन्नत हो,

जिसकी आँखों में दुनिया के रंग हो,
जो हर ग़म को एक गीत बना दे,
और हर गीत को मोहब्बत का संग हो।

जो हवाओं में ख़ुशबू छोड़ दे,
जो बादलों में रंग भर दे,

जो मेरी ज़िंदगी को एक मआना दे
और मेरे हर जज़्बात को ख़ुद का घर दे।

मेरी तलब है वो एक लड़की,
जो मेरी तन्हाई का सिला हो,

जो मेरी शायरी का सबब हो,
जो ख़ुद से ज़्यादा मेरी लगे,
और मेरी हर साँस उसका मरहब हो।

"तेरी याद का मौसम"

तेरी याद,
आज फिर हवा के झोंके में आ बैठी।
मेरे बालों से खेलते हुए,
कुछ कहने लगी।
शायद वही बात,
जो अधूरी रह गई थी,
उस शाम की तरह,
जब तुमने मेरी आँखों में
अपने ख़्वाब छोड़े थे।

तेरी याद,
आज बारिश के पहले क़तरे में गिरी,
और मेरे दिल की मिट्टी में समा गई।
वो ख़ुशबू,
जो कभी तुम्हारे हाथों से आई थी,
आज फिर मेरे आस-पास छा गई।

तेरी याद,
आज भीगी हुई किताब के पन्नों में मिली।
वो कविताएं,
जो कभी मैंने सिर्फ़ तुम्हारे लिए लिखी थीं,
आज खुद मुझसे सवाल करने लगीं।

"क्या मोहब्बत हमेशा अधूरी रहती है?"

तेरी याद,
आज मेरे लहजे में आकर ठहर गई।
हर लफ्ज़ में तुम झलकने लगे।
हर सुकून में तेरा नाम,
हर बेचैनी में तेरी तस्वीर।

क्या तुमने कभी महसूस किया,
कि मोहब्बत में सबसे मुश्किल बात
यादों को संभालना नहीं,
बल्कि उनसे बचना है?

मैं ज़िंदा हूँ, मगर क्यों?

मैं ज़िंदा हूँ, मगर क्यों?
ना कोई वजह, ना कोई मक़सद।
बस सांसें चल रही हैं,
जैसे किसी बुझते हुए चिराग़ की आख़िरी लौ।

मैंने तुझसे इश्क़ किया था,
जैसे किसी बच्चे को माँ की आगोश की तलब।
बेख़बर था कि ये मोहब्बत भी
एक दिन मज़ाक़ बन जाएगी।

तू मेरी दुनिया थी,
पर मैं तेरे लिए बस एक वक़्त की गलती।
तूने मेरे होने से इनकार किया,
और मैं ख़ुद से ही ग़ायब हो गया।

अब हर रात उसी मोड़ पर बैठा हूँ,
जहाँ पहली बार तुझे देखा था।
सोचता हूँ, काश उस दिन मैं अंधा होता,
काश मोहब्बत से महरूम होता।

अब दर्द मेरा मज़हब है,
अब तन्हाई मेरी हमसफ़र।

अब ज़िन्दगी का कोई सवाल नहीं,
अब मौत भी कोई जवाब नहीं।

हैप्पी लोग कहते हैं वक़्त हर ज़ख़्म भर देता है,
पर कुछ ज़ख़्म होते हैं जो बस सांस लेते रहते हैं,
जैसे मैं...
जो ज़िंदा हूँ, मगर क्यों?

बेवफ़ाई के बाद

अब कोई दर्द भी दिल से गुज़रता नहीं,
अब कोई नाम भी होंठों पे आता नहीं।
अब तो तन्हाई भी मुझसे किनारा करे,
अब कोई ज़ख़्म भी दिल को जलाता नहीं।

वो जो कहता था, "तेरा हूँ, तेरा ही रहूँ,"
अब उसी शख़्स का कोई पता भी नहीं।
वो जो एक लफ़्ज़ में जन्नतें बाँटता,
अब दुआओं में उसका असर भी नहीं।

इश्क़ का खेल भी कितना अजीब-ओ-गरीब,
जो हसीं था, वही अब सज़ा हो गया।
जो कभी दिल के हर राज़ से वाक़िफ़ था,
अब वही ख़ुद से भी बेवफ़ा हो गया।

मैंने चाहा था कि तुझको भुला दूँ मगर,
तेरी यादों का सूरज भी ढलता नहीं।
मैंने चाहा था कि रो लूँ, बिखर जाऊँ मैं,
पर ये दिल भी कोई फ़ैसला करता नहीं।

अब जो आए तो मैं पूछूँ भी कुछ भी नहीं,
अब जो जाए तो मैं रोऊँ भी कुछ भी नहीं।
अब मुझे कोई शिकवा, कोई ग़म भी नहीं,
अब तेरा ज़िक्र हो, तो भी कुछ भी नहीं।

अब तुझसे कोई शिकवा नहीं

अब तुझसे कोई शिकवा नहीं,
अब कोई इल्तिज़ा भी नहीं।
अब जो भी ग़म है, मेरा है,
अब कोई तेरा गिला भी नहीं।

जो तेरा था, वो भी तेरा न रहा,
जो मेरा था, अब वो मेरा भी नहीं।
इश्क़ का खेल ही ऐसा था शायद,
जिसमें कोई जीता, कोई हारा भी नहीं।

मैंने चाहा कि तुझसे कोई सवाल करूँ,
पर अब दिल को कोई तलब भी नहीं।
अब बस एक ख़ालीपन सा है,
जिसमें कोई दर्द, कोई सुकूँ भी नहीं।

तू जो गया तो मुझे कुछ अजीब सा हुआ,
जैसे मैं अपने ही घर का रहा नहीं।
जैसे मैं ख़ुद को ही भूल बैठा हूँ,
जैसे मैं ज़िंदा हूँ, मगर ज़िंदा रहा नहीं

अब मोहब्बत का वो रंग कहाँ?
अब वफ़ाओं की कोई रीत भी नहीं।

अब तेरा नाम भी आता है तो,
कोई तड़प, कोई आहट भी नहीं।

अब तेरा जिक्र भी हो तो ख़ामोश रहूँ,
अब तेरा ग़म भी हो तो हँसकर सहूँ।
अब जो भी था, बस इक दास्ताँ थी,
अब उसका कोई मतलब भी नहीं

तू मुझसे पूछता है

तू मुझसे पूछता है,
कि अब मैं क्यों नहीं लिखता?
क्यों मेरी रातें अब स्याही में नहीं डूबतीं?
क्यों मेरा दर्द अब काग़ज़ पे चीख़ता नहीं?

तो सुन...
क्योंकि अब मैं जीने की रस्म निभा रहा हूँ।
मैं हर सुबह अपने जिस्म को उठाता हूँ,
अपने चेहरे को आईने में देखता हूँ,
और सोचता हूँ कि
कितनी आसानी से मैं ख़ुद को पहचानने लगा हूँ।

मगर सच कहूँ?
अब मैं ख़ुद को पहचानना नहीं चाहता।

मैं चाहता हूँ कि कोई आए
और मेरे वजूद के पन्ने फाड़ कर फेंक दे।
कि कोई मेरे अंदर की उस चीख़ को
हवा में उड़ा दे,
जो अब भी हर रात मेरी हड्डियों में जलती है।

तू पूछता है,
मैं अब क्यों नहीं लिखता?

क्योंकि अब लफ़्ज़ भी मुझसे बिछड़ चुके हैं,
जैसे तू बिछड़ा था,
बेवजह, बेख़बर, बेमतलब।
अब मैं सिर्फ़ साँस लेता हूँ,
बस एक आदत की तरह।

इश्क़ की आख़िरी हद

तू कहे तो चाँद तोड़ लाऊँ,
पर मुझे मालूम है,

तेरी आँखों की चाँदनी से ज़ियादा रोशन कुछ नहीं।
मैं हवाओं से उलझ जाऊँ,

तेरे लिए दरिया का रुख़ मोड़ दूँ,
पर जानता हूँ,
तेरे लबों की ख़ामोशी से गहरी कोई मौज नहीं।

मैं बिछ जाऊँ तेरी रहगुज़र में,
अपने होने को तुझमें खो दूँ,

मगर सच तो ये है,
तेरे क़दमों की धड़कनों से बढ़कर कोई आहट नहीं।

तू कहे तो दुनिया से बैर कर लूँ,
अपने नाम के क़िस्से मिटा दूँ,

पर ऐ जान-ए-ग़म,
तेरे लहजे की नरमी से मीठा कोई ज़हर नहीं।

मैंने चाहा था इश्क़ को आख़िरी हद तक ले जाऊँ,
पर जब तुझे पाया,

तो जाना,
इश्क़ की कोई हद नहीं।

 "तू जो मिल जाता..."

तू जो मिल जाता तो मैं ख़ुद को भुला भी देता,
तेरी ख़ातिर मैं ये दुनिया भी जला भी देता।

मेरे हिस्से में सिवा तेरी तलब के क्या था,
मैं तेरे वास्ते क़िस्मत को मिटा भी देता।

तेरी ख़ुशबू में लिपट जाती मेरी रूह मगर,
तू अगर पास तो आता, मैं सजा भी देता।

मैंने सोचा था के तू दर्द का मरहम होगा,
काश मालूम मुझे था के सज़ा भी देता।

अब तो मायूस हूँ, हसरत भी नहीं अब मुझमें,
वरना मैं तुझसे मोहब्बत को ख़ुदा भी देता।

"तू जो आता..."

दिल ही काफ़ी था तेरा तसव्वुर करने को,
फिर ये हसरत कि तुझे सामने पाया होता।

इश्क़ में जान लुटाने की कसक थी मुझमें,
काश इक बार तेरा हुक्म भी आया होता।

मैंने पूछा था मुक़द्दर से मेरी हद क्या है,
हँस के बोला, अगर तूने उसे पाया होता।

रहगुज़र में तेरा साया भी बहुत था लेकिन,
काश ख़्वाबों में तेरा हाथ भी आया होता।

हम भी अश्कों से लिखते तेरी चाहत के हुरूफ़,
गर तेरा नाम किसी ने सिखाया होता।

हम भी कुछ ख़्वाब संजोते थे

हम भी कुछ ख़्वाब संजोते थे, मगर क्या कहते,
तू जो अपना न हुआ, और किसी से क्या कहते।

तेरे कूचे से जो लौटे तो ये अहसास हुआ,
हम जो ख़ामोश थे, हालात किसी से क्या कहते।

इश्क़ में हार के बैठें तो समझ आया ये,
जिसको जाना ही नहीं, उसको रुकने क्या कहते।

दिल ही काफ़ी था तेरी याद को रखने के लिए,
हम भी दीवार बनाते तो इसे घर क्या कहते।

उम्रभर ग़म ही मयस्सर थे हमें, पर अब तो,
हंस भी देते हैं कभी, रोते तो फिर भी क्या कहते।

तेरी आँखों में अजब साज़िश थी

तू जो बोली तो लगा ख़्वाब में हूँ
तेरी आँखों में अजब साज़िश थी

मैं तो ताबीर समझ बैठा इसे
तेरी बातों में मगर बारिश थी

तेरी चाहत की कसम खाई थी
और वो कसमों का ताजिर निकला

तेरी महफ़िल में मैं रुस्वा ठहरा
तू बड़ा चालाक शायर निकला

तेरी गलियों में जो कल चाँद था
आज इक टूटी हुई लालटेन है

जिसके शीशे में तेरा अक्स था
अब वो बस ख़ाक की इक बेन है

तेरी दुनिया में ये दस्तूर सही
इश्क़ मरता है, कफ़न भी नहीं

दिल जो जलता रहा बरसों तलक
उसका राख़ों में भी नाम नहीं

तू जो बोली तो लगा ख़्वाब में हूँ
तेरी आँखों में अजब साज़िश थी

इश्क़ का क़त्लनामा

अब के जाना कि मोहब्बत भी इक चाल थी
तेरा मिलना भी इक हादसा मालूम हुआ

मैंने चाहा था तुझे जान से बढ़कर लेकिन
तेरी हर बात में फ़ैसला मालूम हुआ

तेरे लहजे में जो मासूम सी उलझन थी
दर हक़ीक़त वो भी धोखा निकला

तेरी आँखों में जो इक ख़्वाब सा जगता था
उसका हर रंग भी झूठा निकला

मैंने माना था कि तू मेरी क़िस्मत में थी
पर तेरा नाम ही लिखा न गया

मैंने चाहा था तुझे आख़िरी साँसों तक
पर तेरा ज़िक्र भी जिया न गया

अब जो तेरा शहर, तेरी गलियाँ, तेरा दर देखूँ
मुझे हर मोड़ पे धोखा दिखता है

अब जो तेरा नाम लिखूँ काग़ज़ों पर भी
मुझे हर लफ़्ज़ अधूरा दिखता है

चलो अच्छा हुआ, तू बेनक़ाब तो हुई
इश्क़ का क़त्ल, मगर सरे-बाज़ार हुआ

मैं ख़ुद से मिला था

मैं ख़ुद से मिला था
एक रात...
जब मोहब्बत का तमाशा ख़त्म हो चुका था
और दुनिया तालियाँ बजाकर
अपने-अपने घर लौट चुकी थी।

मैंने उससे पूछा -
"कैसे हो?"
वो हँसा... और हँसते-हँसते
अपनी ही हँसी में डूब गया।

"क्या तुम अब भी उसे चाहते हो?"
मैंने पागलों की तरह सिर हिलाया,
जैसे कोई आशिक़
अपनी ही बेबसी का इक़रार कर रहा हो।

"तो फिर जियो उसके बिना,
जैसे दुनिया की हर अधूरी कहानी जीती है!"
मैंने कश लिया...
और धुआँ उस मोहब्बत की क़ब्र पर छोड़ दिया।

रात ख़त्म हुई,
ख़्वाब भी...
और मैं ख़ुद को छोड़कर,
फिर उसी भीड़ में गुम हो गया।

शेर

"तेरे इंतजार में एक पूरा जहां बीत गया,
और तेरे बिना एक उम्र अधूरी रह गई है।"

-

"मौत आई भी तो तेरे ज़िक्र से गुज़री थी,
ज़िंदा रहना था, मगर वो सबब क्या हो।"

-

"एक उम्र तेरे इंतज़ार में ही गुज़ार दी।
जो मिला ना तू, तो मौत भी बेवफ़ा लगे।"

-

"दिल के दर्द का असर अब तक बाकी है,
उसके वादे का सफ़र अब तक बाकी है,
हम तो मिट्टी में मिल गए कब के,
मगर उन आँखों का असर अब तक बाकी है।"

-

"अब के हम ग़म से गुज़रने को तैयार हुए,
ज़ख़्म ऐसे के खुद ही दिल के तलबगार हुए,
छोड़ कर चल दिया वो बेहिसाब बेपनाह मोहब्बत के साथ,
और हम तन्हाई के शहर में बाज़ार हुए।"

-

"मैं अपने होने का सबब ढूँढता रहा,
"हर एक शिकस्त में खुदा ढूँढता रहा"
वो मेरा था या मेरी तलब का धोखा था,
मैं "उम्र" भरा उसी का पता ढूँढता रहा।

"मैं खुद को खुद से ही "चुराने" लगा हूँ,
अपने ही साये को "मिटाने" लगा हूँ,
क्या दर्द है, क्या मोहब्बत का दस्तूर है,
मैं "जी कर भी ज़िंदगी, "गवाने" लगा हूँ।"

-

"वो गुमान था जो मेरी हकीकत बन गया,
मैं एक दर्द जो "रीवायत" बन गया,
जिसे चाहा था, उसे पाया ही नहीं
और जो पा लिया वह "नादामत" बन गया।"

-

"मैं वो ख़्वाब हूँ जो मुकम्मल नहीं हुई,
हर सफ़ा अपने ही ग़म से "जली" हुई,
जो पढ़े, वो खुद को खो दे,
मैं एक ऐसी दास्तान हूँ,
जो कभी लिखी नहीं गई।"

-

"मैं उससे बिछड़ कर अब तक ज़िंदा हूँ,
यह दर्द भी शायद उसकी मोहब्बत का है।"
-

"वो जो मेरा था, वो कब मेरा था,
बस एक ख्वाब था जो गुज़रा था।
मैंने अपने होने का शिखवा क्यों?
के ज़ख्म भी वो दिया जो मेरा न था।"
-

"वो जो खुद में मुझे मिटा गया,
हर खुशी का सबब मिटा गया।
मैं खुद को ढूंढता रहा उम्र भर,
वो जो था, मुझे मुझी से चुरा गया।"
-

"मोहब्बत एक अजीब दर्द सा है,
जो मिलके भी कभी पूरा नहीं होता।"
"वो था, मगर सिर्फ एक साया सा था,
जो रूह में बस के भी मेरा नहीं होता।"

"अब तुम सोचो या भूल जाओ,
हमें तो बस दर्द ही अपना है
यह दुनिया एक बेकार झूठ है,
जिसमें सब कुछ एक सपना है।"

-

"ज़िंदगी से शिकवा नहीं, फ़क़त हैरानी
यह ग़ुर्बत-ए-दिल है या कोई कहानी,
जिन चेहरों को अपना समझा था कभी,
वो आईने की तरह बेगाने से लगते थे।"

-

"ज़िंदगी भर हम उसके इंतज़ार में रहे,
वो मिला भी तो गुज़रने के बाद।"

-

"मैं खुद से जुदा हो चुका हूँ कब का,
वो मुझमें अब तक बस रहा है, क्यों?"

-

"तुमसे मिल कर भी यही सोचा है,
तुम ना मिलते तो ज़िंदगी क्या होती?"

-

"दिल के शहर में एक उजाला सा था,
वो था भी यहीं मगर मिला ना था।"

-

"मैं खुद से जुदा हो गया कब का,
वो आया भी तो सिर्फ़ यादों में आया।"

-

"मैं उसके बिना भी जीता रहा,
मगर ज़िंदगी, ज़िंदगी ना रही!"

-

"मैं गिरा तो तू भी सलामत न रहेगा,
तेरा वजूद हूं, मुझे भूल मत कहना।
हम रूह की तरह जुड़ गए हैं सदीयों से,
इस रिश्ते को मज़ाक में कभी तोड़ मत कहना।"

-

"कह दो फ़िज़ाओं से, ख़ुशबू बदल दे,
हम तेरा नाम लेकर हवा कर देंगे।
जो दर्द है दिल में, वो लफ्ज़ बन जाएगा,
हम तेरी यादों को दुआ कर देंगे।"

-

"मैं था, मगर मेरी तलाश में न था,
खुद से मिला, पर अपनी प्यास में न था।
तू भी किसी इल्ज़ाम सा मेरे साथ रहा,
मैं तेरा था, पर तेरे पास में न था।"

-

"मैं जो कुछ भी था, वो कहीं खो चुका हूं,
खुद को ही अपने अंदर डुबो चुका हूं।
तू पूछता है, मैं उदास क्यों हूं,
क्योंकि मैं सच बोलने की सज़ा भुगत चुका हूं।"

-

"तू जो मेरा है, मैं मान नहीं सकता,
मैं जो तेरा हूं, ये जान नहीं सकता।
खुद को खोने की रस्म निभा रहा हूं,
तेरा होना भी अब मान नहीं सकता।"

-

"मैं खुद को समझा नहीं पाया कभी,
और दुनिया मुझे जान चुकी है।
जिसे चाहा, उसे पा न सका,
और जो पाया, वो पहचान चुकी है।"

-

"मैं तेरा था, मगर तुझसे मिला नहीं,
अपने होने का सबब भी समझा नहीं।
जो सवाल था, वही जवाब बन गया,
और जो जवाब था, उसे सुना नहीं।"

-

"तू भी मुझसा ही है, खोया हुआ,
मैं भी तुझसा ही हूं, सोया हुआ।
हम जो मिलते भी हैं, तो अजनबी से,
जैसे कोई ख्वाब अधूरा हुआ।"

-

"मैं खुद को मिटा चुका हूं कई बार,
पर फिर भी वजूद बाकी रह जाता है।
तूने छुआ तो लगा जिंदा हूं,
मगर हर बार ये वहम रह जाता है।"

-

मैं खुद से रूठ कर बैठा हूँ एक वीरान गली में,
जो मुझे मना सके, वो भी इस शहर से गुज़र चुका
है।"

-

"मैं खुद को ही सुनता रहा रात भर,
वो भी मेरी तरह बे-ज़ुबान हो चुकी है।"

-

"मैं खुद से मिला हूँ बड़े अजीब अंदाज़ में,
वो भी मुझ जैसा निकला, तन्हा और बेकार।"

-

"मैं खुद को मिटा चुका हूँ मोहब्बत के दौर में,
वो अब भी मुझे ढूंढ रहा है किसी और में।"

-

"मैं उसके बिना भी ज़िंदा हूँ, ये अफ़सोस अलग है,
वो अब भी मुझे भूल नहीं पाई, ये अंदेशा अलग है।"

-

"मैं उसके हक़ में ही हार गया खुद को,
और वो कहती रही, मुझे कभी जीत न सका।"

-

"मैं उसका होकर भी उसी का न हो सका
वो मेरा न होकर भी सिर्फ मेरा रहा।"

-

"मैं खुद को हार चुका हूँ मोहब्बत के दांव पर,
और वो अब भी सोच रहा है कि मैं खेल रहा था।"

-

"मैं उसके इश्क़ का आख़िरी शिनाख़्ती सबूत था,
वो मुझे मिटा कर भी बे-गुमान रहा।"

"मैं जिसे चाहकर भी भूल नहीं सकता,
अब वो मुझसे पहचान तक नहीं रखता।"

-

"मैंने मोहब्बत में सब कुछ हार दिया,
और लोग पूछते हैं, क्या पाया तूने?"

-

"जिसे मेरी बर्बादी का इल्म था,
वो सबसे पहले तमाशाई बना।

-

"मैंने जब भी इश्क़ किया, तबाही लिखी गई,
अब मैं मोहब्बत नहीं, मातम करता हूँ।"

-

"ख़ुद को समेटकर फिर से जीने की सोची थी,
और उसी रोज़ तेरा नाम सामने आ गया।"

-

"अब न मोहब्बत रही, न तेरा ख़याल बाक़ी,
बस ये दिल है कि अब भी धड़कता क्यों है?"

-

"मैं तेरा था, तेरा हूँ, तेरा ही रहूँगा,
पर अब मैं तुझसे कभी मिलूँगा नहीं।"

-

"इश्क़ और ख़ुदा में अब कोई फ़र्क़ नहीं,
दोनों ही नजर नहीं आते, और सिर्फ़ तकलीफ़ देते हैं।"

-

"मुझे उस शख़्स से कोई शिकायत नहीं,
जिसने मेरी मोहब्बत को क़त्ल किया–मैं ज़िंदा ही
क्यों था?"

-

"अब किसी और से इश्क़ हो जाए ये मुमकिन नहीं,
अब मैं वो हूँ जो मोहब्बत के क़ाबिल नहीं।"

-

"हसरत थी कि कोई अपना होता,
हमने ख़ुद को भी गैर बना डाला...
तेरा मिलना तो नसीब में ही न था,
सो हमने तक़दीर को इल्ज़ाम बना डाला!"

-

हजार दर्द थे दिल में, मगर हंसते रहे,
तेरी चाहत में खुद को ही खो बैठे...
तू बेवफ़ा था, ये इल्ज़ाम किसे दें,
हम ही थे नादान, जो तुझसे मोहब्बत कर बैठे!

-

न पूछा कर हाल मेरा, मैं ख़ुद से ख़फ़ा हूँ,
जो खो चुका हूँ तुझमें, वो अब तक लापता हूँ...
तेरा जाना कोई नई बात तो नहीं,
मगर इस बार मैं भी अब तक लौटा नहीं!"

-

ख़ुदा से तेरी मोहब्बत मांगी थी,
मगर जवाब में तेरा ग़ुरूर मिल गया...
हम भी नादान थे, सौदा-ए-इश्क़ में,
दिल हार बैठे और बस तजुर्बा मिल गया!"

-

"अब मोहब्बत भी हिसाब मांगती है,
और हमसे तो अपना हाल भी कहा नहीं जाता...
तू कहता है मैं बदल गया हूँ,
अरे, मैं ज़िंदा हूँ, यही कमाल कहा नहीं जाता!"

-

मैं जो हँस रहा हूँ, तो बस तमाशा है,
दिल का हाल पूछ, ये अब भी प्यासा है...
जिसे खो चुका हूँ, उसे भूल जाऊँ?
अरे, मैं ख़ुद को ही कब से तलाशा है!"

-

अब न तुम मिले, न मोहब्बत रही,
बस इक बेनाम सी उलझन रही...
जिसे दुनिया इश्क़ कहती रही,
मेरे लिए बस इक आदत रही!"

-

"तू क्या गया, मैं खुद सेजुदा हो गया,
आइना देखूं तो कोई और खड़ा हो गया...
मैं सोया भी हूँ और जागा भी हूँ,
इश्क़ में मरना भी, जीना भी सजा हो गया!"

-

"मैं लफ़्ज़ों में तेरा ज़िक्र कर भी लूँ,
मगर दिल से तुझे कैसे निकालूँ?
तूही बता, कोई तरकीब तो हो,
कि खुद को अब मैं कैसे संभालूँ?"

-

"मैं ख़ुद से मिला तो अजनबी लगा,
तेरी चाहत में जाने क्या से क्या हो गया...
कभी हम भी अपने हुआ करते थे,
अब तेरा हो के भी तेरा ना हो सका!"

-

अब किस से कहें, हम क्या थे, क्या हो गए,
ख़ुद को ही खो दिया, तेरा क्या हो गया...
मुझे छोड़कर तेरा हासिल क्या हुआ?
मैं बर्बाद हो गया, तू बेताब हो गया!"

-

मैं अब किसी से बिछड़ता नहीं,
कि तन्हाई का हुनर आ गया है...
कभी तुम मेरी जान थे,
अब मरने का शौक़ आ गया है!"

-

मैं अब इश्क़ के क़िस्से नहीं कहता,
कि मोहब्बत मेरी आदत नहीं रही...
जो तेरा था, वो अब भी तेरा है,
बस मुझे तेरा होने की चाहत नहीं रही!"

-

अब कोई आरज़ू नहीं बाकी,
जो था कभी, अब मैं वो नहीं...
तू चाहता था मैं बदल जाऊँ,
मुबारक हो, मैं अब मैं नहीं!

-

"मैं ख़ुद से बिछड़ कर तुझे मिल गया,
अब मुझमें मेरा कोई हिस्सा नहीं...
तू खुश है कि तेरा मैं दीवाना हूँ,
हकीकत ये है कि अब मैं ज़िंदा नहीं!"

-

अब शिक़ायत नहीं, कोई इल्ज़ाम नहीं,
तेरी चाहत से अब कोई काम नहीं...
तू मेरा था, ये बस मेरा भ्रम था,
अब तुझे खो देने का अंजाम नहीं!"

-

तेरा ज़िक्र भी करता नहीं हूँ,
मगर ये ख़ामोशी भी झूठी लगे...
मैं तुझे भूल चुका हूँ, सब कहते हैं,
काश! मुझे भी ये बात सच्ची लगे!"

-

"अब तुझसे मोहब्बत नहीं, ये झूठ कहूं कैसे,
दिल से तेरा नाम मिटा दूं, ये करूं कैसे...
तू पूछे तो कह दूं कि खुश हूँ तेरे बिना,
मगर तेरी आँखों में आँखें डालूं, ये सहूं कैसे!"

-

"अब किसी से मोहब्बत नहीं होगी,
अब किसी का भी इंतज़ार नहीं...
तेरी यादों में जो गुज़र गया,
अब उस उम्र का कोई हिसाब नहीं!"

"मैं ख़ुद से बिछड़ कर ज़िंदा हूँ,
तू समझ कि कैसे मरता हूँ"

-

मोहब्बत थी, मगर बस इक तमाशा थी,
मैं तेरा किरदार लिखता रहा, तू मेरा फ़साना बना
गई।

-

"मैंने अपने ही ख़्वाबों में घुटकर दम तोड़ दिया,
जिसे ज़िन्दगी समझा था, वो मौत से बदतर निकला"

-

"तू जो कहता था, मैं तेरी धड़कन हूँ,
फिर तेरा दिल किसी और की याद में क्यों धड़कता
रहा"?

-

"बरसों बाद मिले तो कहने लगे - कैसी हो?
काश ये सवाल उसी रोज़ किया होता, जिस रोज़ मैं
टूटी थी"

-

"मैंने अपनी मोहब्बत की ख़ुशबू संभाल कर रखी थी,
तूने किसी और के जिस्म पर छिड़क दी"

-

"तेरे बाद भी मोहब्बत अधूरी नहीं लगी,
बस अब किसी पर ऐतबार नहीं होता।"

-

"हमने सोचा था, इश्क़ हमें अमर कर देगा,
पर ये दर्द तो अब सांसों की गिरफ़्त में है"

-

"कभी तेरा नाम लूँ तो लब कांप जाते हैं,
अब भी तेरा ज़िक्र मेरी रूह पर बोझ रखता है"

-

"इश्क़ वो आग है जो बुझती नहीं,
चाहे आँखों के दरिया में डूबो या ख़ुदा से कह दो"

-

"दिल ही तो था, किसी की याद में जल गया,
अब कोई बताए, राख से किसे मोहब्बत होती है?"

-

"हमने इश्क़ में तुझसे क्या पाया, क्या खोया?
बस इतना जान लो, अब हम ख़ुद को भी नहीं जानते"

-

 "अब लफ़्ज़ आख़िरी कहने चला हूँ"

अब लफ़्ज़ आख़िरी कहने चला हूँ,
जो था मुकम्मल, वो लिखने चला हूँ।

सदियों तलक जो रहे दिल में ज़िंदा,
ऐसे ही अश'आर गढ़ने चला हूँ।

जो दर्द स्याही में ढल ना सका था,
अब उसको काग़ज़ पे रखने चला हूँ।

था इश्क़, तन्हाई, यादों की बारिश,
हर एक मौसम को जीने चला हूँ।

हैप्पी का अफ़साना अब ख़त्म समझो,
बस एक आख़िरी सफ़र पे चला हूँ

"मैंने सब कुछ कह दिया...
या शायद कुछ भी नहीं!"
"तुम्हें जो समझना था, तुम समझ ही चुके होगे...
या शायद अब तक भटके हुए हो!"

मगर मोहब्बत, वो अभी बाक़ी है।
शायद मेरी सांसों में,
या शायद उस ख़त में, जो मैंने लिखा, मगर भेजा
नहीं।

- शायर हैप्पी -

पाठकों के लिए एक संदेश

अगर इस किताब के किसी शेर, किसी नज़्म, किसी
लफ़्ज़ में तुमने ख़ुद को महसूस किया,
तो समझ लेना कि यह सिर्फ़ मेरी नहीं, तुम्हारी भी
कहानी है।

शायरी कभी ख़त्म नहीं होती,
जब तक कोई दिल धड़कता रहेगा,
जब तक कोई आँख किसी खोए हुए अक्स को ढूंढेगी,
तब तक ये लफ़्ज़ ज़िंदा रहेंगे।

शायद हम फिर मिलें...
किसी नई किताब में,
किसी नए लफ़्ज़ में,
किसी भूले-बिसरे एहसास में...
या फिर तुम्हारी ही किसी अधूरी मोहब्बत की याद में...
या किसी ऐसी गली में, जहाँ मोहब्बत मरकर भी ज़िंदा
रहती है...

❧ "मोहब्बत के सफ़्हे कभी बंद नहीं होते, बस नए
अफ़साने जुड़ते जाते हैं..." ❧

लेखक परिचय

लेखक का नाम: शायर हैप्पी (हरप्रीत चुंबर)
पुस्तक का शीर्षक: एक शायर
शैली: शायरी, ग़ज़ल, नज़्म

शायर हैप्पी, जिनका वास्तविक नाम हरप्रीत चुंबर है, ने M. Sc in Civil Engineering की शिक्षा प्राप्त की है। तकनीकी क्षेत्र में अपनी विशेषज्ञता के बावजूद, उनका झुकाव हमेशा साहित्य और शायरी की ओर रहा। शब्दों

के माध्यम से जज़्बातों को बयाँ करने की कला ने उन्हें साहित्यिक यात्रा पर आगे बढ़ने के लिए प्रेरित किया।

"एक शायर" उनका पहला काव्य संग्रह है, जिसमें ग़ज़लें, नज़्में और शेर शामिल हैं। यह किताब सिर्फ़ एक संकलन नहीं, बल्कि एहसासों का एक आईना है, जिसमें मोहब्बत, तन्हाई, जुदाई और ज़िन्दगी के कई रंग देखने को मिलते हैं। हर शब्द पाठकों को उनकी अपनी भावनाओं से जोड़ने का एक माध्यम बनता है।

लेखक सोशल मीडिया पर भी सक्रिय हैं और अपनी शायरी को डिजिटल माध्यम से लाखों पाठकों तक पहुँचाते हैं। उनकी लेखनी ने सोशल मीडिया पर एक मज़बूत पहचान बनाई है, जहाँ उनके शब्दों को गहरी संवेदनशीलता और ईमानदारी के लिए सराहा जाता है।

संपर्क करें:

📌 Instagram: @healing_notes_13
📌 Email: harpreetchumber6859@gmail.com

"शब्दों की गहराई वही समझ सकता है, जिसने कभी ख़ामोशी को सुना हो।"